How to Change a Habit

如何改变习惯

手把手教你用30天计划法改变95%的习惯

[加] 斯科特·扬（Scott Young）◎著　　田岚◎译

机械工业出版社
China Machine Press

图书在版编目（CIP）数据

如何改变习惯：手把手教你用30天计划法改变95%的习惯／（加）扬（Young, S.）著；田岚译 . 一北京：机械工业出版社，2016.2（2025.12重印）

书名原文：How to Change a Habit

ISBN 978-7-111-52919-4

I. 如… II.① 扬… ② 田… III. 习惯性－能力培养－通俗读物 IV. B842.6-49

中国版本图书馆 CIP 数据核字（2016）第 025008 号

北京市版权局著作权合同登记　图字：01-2015-6950 号。

如何改变习惯：手把手教你用30天计划法改变95%的习惯

出版发行：机械工业出版社（北京市西城区百万庄大街22号　邮政编码：100037）

责任编辑：王金强

责任校对：董纪丽

印　　刷：固安县铭成印刷有限公司

版　　次：2025年12月第1版第19次印刷

开　　本：130mm×185mm　1/32

印　　张：3.875

书　　号：ISBN 978-7-111-52919-4

定　　价：25.00 元

客服电话：（010）88361066　68326294

重复的行为造就了我们。因此，卓越不是一个行为，而是一种习惯。

——亚里士多德

你是否想改变一个习惯——戒烟，放弃不健康的饮食习惯，或转变消极的思维方式？你是否想培养一个习惯——勤于锻炼，健康饮食，提高工作效率，与人为善，或只是更好地享受生活？

无论你想戒除坏习惯，还是想养成好习惯，本书都会为你的成功提供方法。对大多数人来说，改变习惯极其痛苦。人们通常要花上好几年的时间，历经一次又一次失败，才得以改变一个习惯。而我认为，改变习惯仅仅是一项技能，和骑自行车差不多，只要有正确的指导和训练，人人都能掌握。

我写本书的目的，不是让你走马观花地一口气读完，然后放在一边。这是一本教你如何改变或培养习惯的行动指南。书中提到的很多概念对于新手来说意义不大，如"触发点""操作性条件反射"和"稳定点"这些概念，可以看一看，但在刚开始改变习惯的时候，没必要非去实际应用。

本书首先会教你如何立即开始改变一个习惯。所以，如果你正在为实现一个目标而痛苦挣扎——不论这个目标是减肥、节省开支，还是提高演讲能力，本书会先提供一些你需要的方法，教你如何开始做出改变。

接下来，我将讨论一些有助于改变习惯的特别技巧。在基本方法无效时，这些进阶技巧可以派上用场，它们甚至可以让你用全新的视角看待自己的习惯。改变习惯，意味着开始尝试全新的生活哲学和思考方式，而非仅仅改善行为这么简单。

首先要记住，改变习惯是一项技能，就和弹钢琴一样。没有教学和练习，你不可能学会弹钢琴。同样，没有教学和练习就想有改变习惯的能力，也是不切实际的。所以，看看本书，你会得到更多的帮助，也会对学习"改变习惯"这项技能有更好的理解。

你也许曾为了改变行为习惯而痛苦挣扎，甚至经历失败，但先不要因此对自己的意志力和积极性妄自菲薄。更多时候，尝试改变习惯而不得，是由于策略不当，不了解习惯运作的规律，而非意志力薄弱。诚然，自制力是必不可少的，但要改变习惯，更需要大量的策略以及对习惯运作规律的正确理解。与之相比，自制力就是九牛一毛而已。缺乏自制力几乎从来就不是你失败的最大阻碍。

我的故事

我是谁？你为什么要听取我的建议？我没有博士学位，也从来没做过世界精英们的私人导师。我的经历很平凡，绝不像战胜抑郁、戒掉毒瘾、摆脱懒惰那么恢宏励志。我对习惯改变的了解，来自大量的调研和个人实证研究。

故事要从几年前说起，当时的我也被一些习惯左右。我曾努力改变这些习惯，但大多失败了。我想多做运动，最后却只是在家看电视；我想多阅读，却好几周都没翻过一页书。这些失败对我来说虽然不是世界末日，但很明显，我并没有获得自己所期待的成功。简而言之，当时的我像大多数人一样，被一些自己都没意识到的习惯控制，并且没有足够的能力做出改变。

正在这时，我偶然接触到关于如何改变习惯的知识。这些知识不是简单的指南，教人如何改变某个习惯，如吃得更健康或者控制预算。它们提供的是一套与众不同的原理，一种关于改变习惯的启示。

与以往大多数历经痛苦、改变行为的情况不同，这套原理认为，改变习惯就像人们改变一件东西的内部设计。这个过程没有痛苦挣扎。它就像改变房间的摆设一样，改改做某件事的惯常冲动，看看感觉如何。

发现这套原理后，我开始运用它改变我的习惯。过去几年，我成功地培养了很多好习惯——吃素食、不看电视、早起、每天锻炼、不吃垃圾食品、少上网、多读书、改变思维方式——这些只是其中一小部分。虽然我不再坚持其中的一些习惯，但这种放弃是我自己的选择，并不是因为意志力崩塌。

如今，我几乎可以自如地改变任何习惯——不论是永久改变，还是短期试验性的改变。一次次的实践已让我将改变习惯视作乐趣，而非索然无味的例行公事。我喜欢像这样不断尝试新的生活方式。改变习惯对我来说已经成为一种探险，一种挑战自我的方式。

这本书的观点，大多基于我的个人试验，但绝非仅此而已。我的大多数见解，都可以从其他资料中找到佐证。除了个人试验外，我做了大量的相关调研，所以本书的很多主要概念，都基于专业心理学研究成果和世界级专家、治疗师的丰富经验。

这本书对我适用吗

这个疑问再正常不过。即使是我，在几年前读到以上文字，可能也怀疑作者大概像机器人一样，有高度的组织纪律性，天生就懂得如何管控自己，令正常人望尘莫及，无法模仿。

所以我必须先说清楚，我改变习惯的能力绝非来自天生的自律、周围人的支持或是超强的意志力。学会如何改变习惯之前，我的生活极度无序、混乱。在我为改变习惯做出努力的时候，亲友大多反应冷漠，甚至抗拒，所以我的前进绝非他人激励的结果。而且，当时我一点也不自律。我总是找借口逃避工作，做事常常虎头蛇尾。我经常心血来潮，却无法坚持到底。

你不必把改变习惯这件事看得过于严肃和重大。书中提到的基本概念足以帮你改掉 90% 的习惯。在按我的方法培养这一技能的过程中，你也许会对改变习惯产生浓厚的兴趣，不过这也只是一项技能，你可以选择用它改变生活的方方面面，也可以只去改变某一个习惯。

这个方法是否抹杀乐趣和自发性

改变习惯并不意味着你要变成机器人，所有的行为都被既定程序控制。其实，秩序和乐趣是可以并存的。我们经常忽略一件事，那就是我们时刻都在按习惯做事：怎么上班，吃什么，举止表现等，一切的一切，都受习惯控制。而具有改变习惯的能力，意味着你掌握了主动权。你将不被习惯控制，而是自主选择拥有哪些习惯。改变习惯通常可以产生更多的乐趣和自发性。改变从前的低效习惯，你会发现自己释放出了更多的时间、精力、金钱，一下子拥有了大量的资源。在改变习惯几个月后，我便发现自己享受生活和积极工作的能力倍增。

改变习惯之于我们的生活，可以是一种根除和限制，但也可以是一种对既有方式的改善。

什么是习惯

小时候，我住在多雪的加拿大北部，经常走路上学。我还记得，每场大雪过后，从家通往学校的捷径都被厚厚的积雪覆盖。

因此，要去上学，孩子们只能在几英尺厚的积雪中艰难跋涉。你可能也体会过在积雪中行进的艰辛。这样做很费时，而且为了不蹚雪，要尽可能迈大步走。

于是，雪地里留下了一串脚印。你会发现，跟在后面的孩子毫无例外地都踩在这串脚印里走。这样一来，脚印不断变宽，脚印处的雪被踩得越来越紧实。孩子们一个接一个地踩，最后在雪里踩出一条坚固的小路。

几天之后，这串脚印成为雪地里唯一一条供人行走的路。即使继续下雪，雪也只是在脚印周围"筑起围墙"，不会覆盖这条紧实的小路。最初踩下的一串脚印，形成现如今唯一的路径。

养成习惯的过程和在积雪中踩路很像，起初都需要爆发一股能量，穿过积雪，走出一条道路，之后就轻松多了。久而久之，这一条默认的路径不断被人踩踏得紧实、坚固，也就不再难走。同样，在最开始花一点时间创造、培养一个习惯，久而久之，也就不难坚持，甚至想不坚持都难。

除去一些例外，书中讨论的大部分方法，都是在教你如何顺利度过第一阶段。所谓第一阶段，就是穿透积雪、踩出路径的过程。这个阶段最费力，也最困难。但是，一旦踩出最初的路径，使习惯成形，坚持下去就容易多了。

目录

前　言

核心阶段

第1章

启动阶段

启动阶段，即开始培养一个习惯的最初一个月。如果你想养成一个永久性的习惯，那么最初的一个月会花费你在整个过程中所需能量的99%。如果你成功度过第一个月，这个新习惯就会成为一种本能的条件反射，你无须再费力坚持，只需花一点精力处理一些实际操作时的小变化即可。有时，努力了几个月后，你依然没能成功坚持一个习惯，其根本问题通常还是出在第一个月。

问题到底出在哪里呢？让我用两个伐木工的故事来解释一下。这两个工人在同一片林子里砍树。日复一日，第一个伐木工砍的树几乎是他同伴的两倍。一天，同伴来到第一个伐木工面前，问他如何能砍那么多树，自己要怎么做才能和他一样强壮。

第一个伐木工回答说，他并不比同伴强壮，只是每天早上砍树之前，他都会花一个小时将斧头磨锋利。他说，这才是他成功的秘诀。

改变习惯和伐木很像。人们总是认为，一个人成功改变习惯是凭借过人的意志和力量。但通常来讲，一个人成功改变习惯，只是因为他在开始之前做足了准备工作，即使往往连他自己都没意识到这一点。

最初的 30 天就好比伐木工在砍树之前磨斧刃的那一个小时。相比于几个月甚至几年，这 30 天也许看似无足轻重，但事实上，它们直接决定着成败。是否能把一个习惯坚持下来，最重要的就是看最初 30 天能否有效坚持。

30 天计划

按前言所讲，我会从改变习惯的基本核心方法到进阶性方法进行讨论。"30 天计划"大概是改变习惯过程中最根本、最重要的核心了。简而言之，"30 天计划"就是按照自己所定下的指导原则，连续 30 天坚持某个习惯，不能有任何例外。

执行"30 天计划"足以解决改变习惯过程中产生的 50% ~ 75% 的问题。后面的章节主要就是更加深入地解释和完善这个核心过程。

史蒂夫·帕弗利纳的杰作《30 天迈向成功》，让我第一次接触到"30 天计划"这个方法。

为什么"30 天计划"起作用

"30 天计划"源于一种传统观点，即改变一个习惯需要连续坚持一定的时间。在我之前，人们对到底需要坚持多长时间各有说法，从 7 天到几个月都有。30 天不是什么"神奇的数字"，没有多特别。不过，将 30 天作为第一个阶段的确有它独特的优势。

少于三周通常不足以将一个习惯完全变成下意识的自动行为。一些进阶性的技巧也许可以在较短时间内帮助你养成一个几乎永久性的习惯，但据我的经验，这些技巧通常很难做到，并且不总是管用。

超过两个月则太长。作为第一阶段，我们只需做出那些最必要的改变。最初 30 天足以完成 95% 的改变，我们根本用不着为此花上 90 天甚至一年的时间。

而且，以 30 天，即大概一个月为单位，便于用日历计数。

虽然实行"30 天计划"不像做脑部手术那么复杂，不过也有一些方法可以让它更加行之有效。据我观察，缺乏自律几乎从来都不是"30 天计划"执行失败的因素，反倒是下面这些常见的原因，更容易让你在坚持了一两周之后放弃：

- 失去兴趣
- 忘记执行
- 指导方针不明确
- 对阻碍因素估计不足

在学习改变习惯这项技能之初，我决定每天进行 15 分钟的快速阅读。这本该是很容易坚持的习惯，但大约两周之后的一天，我完全忘记了要做这件事。于是，一切不得不从头再来。

所幸，运用常识和计划，可以避免很多类似的失误。现在，对于容易忘记的事情，我会设置一些提醒物，好让自己记得每天去做。

第2章

写下计划，作出承诺

带上地图，就能明确方向，不至迷路。同样，在执行"30天
计划"之前，把你的计划和承诺先写下来，就可以避免执
行过程中的大部分问题。把你的承诺写下来，存放在某个地方，
花不了几分钟的时间，却能成倍提升你的成功概率。

相比于仅仅在脑子里规划，或只是随口说给某个朋友听，将计划
和承诺写在纸上有以下几个好处：

- 清晰明了，便于执行
- 加深印象，时刻提醒
- 提供动力，不断激励

清晰明了，便于执行

将计划明确写在纸上，可以把模糊的想法、愿望转化为清晰的文字和语言。例如，你想要多锻炼，但具体需要做哪些事情？多锻炼是否意味着每天都锻炼？

> 如果你正在使用"周／日目标"系统，那么你可以直接把"30天计划"所涉及的事项写入你的每日目标。

如果是，那么每天锻炼多久？具体做什么运动？每天什么时间去做运动？如果你只是在脑子里随便想想，这些实际事项是很难安排妥当的；写下来，这些问题便都可以得到清楚的解答。

其次，写计划让你对整个过程有一个清晰的规划。丘吉尔曾说："制订的计划无用，但规划这一行为是无价的。"写下"30天计划"的真正意义不在于那张写满字的纸——我一般写完计划后，直到执行完毕才会看那张纸第二眼。真正的意义在于，落实在纸上的承诺和计划，可以帮助你充分预估和应对执行过程中遇到的各种阻碍。

加深印象，时刻提醒

这一点很好理解，把计划和承诺写在纸上，以便提醒你坚持执行。这可能听起来有点怪——我怎么可能忘了执行计划呢？

但这种情况确实很常见——"30天计划"失败，只是因为某一天忘了坚持。比如某天你很忙，完全忘记要去健身。如果你的计划是像戒烟这样根除某个习惯，那么你一般不太会忘记执行，但"忘记去做"仍然是人们成功改变习惯的最大阻碍。

所以，把承诺写下来吧，哪怕写完后你不再看第二眼，但这会加深计划在你脑海里的印象，不至于忘记。

提供动力，不断激励

写下承诺的第三个好处就是激励。在改变习惯的最初，如果你觉得行动起来很困难，那么把愿望和计划写下来，往往会给你一股冲劲，让你在接下来的一两天坚持执行。虽然这股推动力并不长久，但足以让你下定决心，并立即行动。

我将自己的"30天计划"承诺都写在活页纸上，装订在活页夹里。我将这些承诺看成是和自己的一份份迷你合同。也就是说，我写下自己想要改变的习惯以及接下来30天需要遵守的相应规定，然后签上自己的名字。你不需要和我一模一样，不过这个小仪式给了我即刻开始的动力。

书面承诺写作范例

我的书面承诺有一些主要组成部分。需要再次强调的是，写下承诺这个行为本身比怎么写更重要，所以不要过分纠结于形式和细节。不过，如果作为初学者，你想寻求一些写作指导，那么可以借鉴我的一些要领：

（1）确定计划的核心内容。

（2）计划实施的时间段（如5月12日～6月12日）。

（3）列出为保证计划成功，我必须遵守的规定（通常不超过三条）。

（4）列出几条可使计划顺利进行的建议。在这部分，你还可以写打算使用哪些"进阶措施"。关于"进阶措施"，我会在后面的章节提到。

下面是我所写的一个书面承诺。我将所有的计划和承诺都写在活页纸上，装订在活页夹里。我个人感觉用手写比用电脑打字感觉更好、更真实，不过你不必完全模仿我，还是要选择自己喜欢的方式。

写计划这个行为本身比写满计划的那张纸更重要。我发现这样做可以成倍提高成功的概率，即使写完之后我都不再去看那张纸。

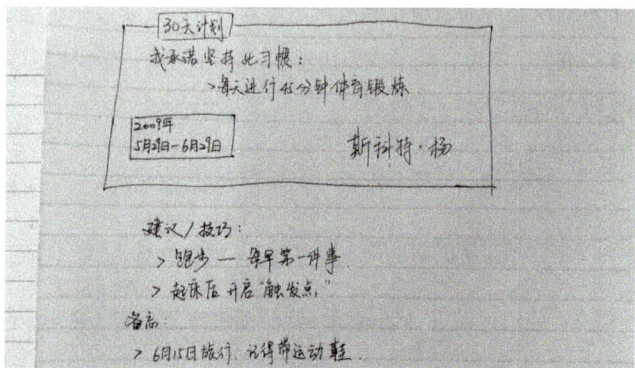

这是一份模拟的"30天计划"承诺书。我的计划都是按照类似格式书写的。

第3章

概观：最初 30 天

新手上路，我建议你将"30 天计划"作为起点。在这个时期，你真正需要的是开始行动，而那些进阶性的方法只会让事情变得复杂。进阶性技巧我会在后面的章节介绍，但它们都不如最初的 30 天重要。

过去几年，我执行了很多"30 天计划"，发现它们大多按照一个基本模式进行。虽然执行不同的计划所面临的挑战不尽相同，但我们仍然可以抓住其中一些共同点，做好更充分的准备。开启一个"30 天计划"有点像去一个陌生的地方度假。依靠地图和指南，我们可以做好充足的准备，但途中总会出现始料未及的状况。我发现，大多数"30 天计划"会经历这样几个阶段：

- 全速起跑期
- 疲惫放缓期
- 过渡期
- 颠簸期
- 稳定期

全速起跑期：前三天

我把前三天称为"全速起跑期"。在此期间，计划执行起来既阻力巨大，又动力十足。虽然在这三天，你可能不太习惯突然的改变，但通常会高度专注地行动。这个阶段最需要注意的是调整自己的节奏，避免透支精力，昙花一现。

以运动为例，人们很容易在一开始猛跑十英里，之后几个月都不再运动。这个阶段你需要放慢脚步，避免用力过猛，过度疲劳。其他习惯如节食、节制预算或者早起都是如此。找到一种让自己能够长期坚持的节奏，而不是执行几天就没力气了。

疲惫放缓期：第 4 ~ 10 天

一般来说，在这个阶段你会遇到第一个阻碍。它异常艰难，也是大多数失败发生的阶段。在此期间，最开始的动力和干劲已基本消失殆尽，而执行计划的阻力却仍然巨大。动力转瞬即逝，但阻力通常会持续好些日子。

在"疲惫放缓期"失败通常有两个原因：①你可能在"全速起跑期"已经过早地把精力和干劲消耗殆尽了；②你选择的任务对你来说可能太难了，无法一气呵成。如果是第二种情况，我建议你将任务分成几小块，每一小块都在你的能力范围内，然后通过多个"30天计划"来完成。

过渡期：第二周、第三周

"过渡期"通常在执行计划的第 10 ～ 20 天。在此期间，你开始逐渐适应新习惯，执行起来也变得没那么困难。你也许在第 9 天还觉得阻力巨大，缺乏干劲，但在第 19 天，一切通常会变得容易多了。

然而，这个阶段仍存在隐患。习惯变得容易坚持了，人也容易忘记去坚持。因此，你需要建立一些机制，时刻提醒自己执行计划，否则一旦阻力减弱，你便会开始放松警惕。记住，你至少需要坚持一个习惯 30 天，没有例外，所以这个阶段不是用来休息的。

颠簸期：第二周、第三周期间某处

"颠簸期"通常出现在我计划执行大概一半的时候，这对成功改变习惯是巨大的阻碍。它是执行计划过程中发生的某一个事件，或者出现的某一个障碍，却足以威胁到整个计划，打乱你原有的节奏。例如，开始节食之后的某一天，你不得不和朋友外出聚餐庆祝；或者你计划早起，却因为工作不得不晚睡。

这种障碍为什么会在"过渡期"出现呢？因为这个阶段是你最脆弱的时候。最初一周，你通常劲头十足，注意力集中，能够迅速解决出现的问题。最后一周，习惯已基本根深蒂固，出现再大的阻碍也可以轻松应对。而在第二周到第三周之间，你很容易放松警惕，问题和阻碍便在此时乘虚而入。在后面讲到安排协调的相关内容时，我会为你提供一些避免此类麻烦的方法。

如果已经努力到了第四周，却还是没有把某项习惯纳入生活，变为常态，那么你需要回到一开始，重新设计你的计划。学习一下本书的进阶性特殊技巧，看看自己是否忽略了某些重要的方法，才使习惯的养成变得如此艰难。

稳定期：第四周

"稳定期"是"30天计划"的最后阶段。如果你在之前均按照正确的方法执行计划，那么这个阶段通常是最轻松的。此阶段更像一个收官考查，测试一下习惯是否已成为常态，无须再在严格控制下执行。在此期间，你要努力使习惯最终成为自然，而非再像之前那样，需要不断强化。

此阶段的隐患只有一个：如果你的计划在最后这周失败，那么你可能要推翻一切，从头再来。这就好比制陶，如果在窑中烧陶时发现陶器上出现了裂痕，那么你只能再回到陶轮那儿重做一个。

这听起来可能太令人沮丧了，但你也不要泄气，因为有时即使你的计划在这个阶段出现了"裂痕"，也还是有一些补救方法的。但是，在最后阶段，如果你仍需要强烈的意志力执行计划，这通常不是什么好兆头。一般来说，在最后阶段遇到了困难，你需要利用更多的进阶性技巧去审视和改正自己的问题。

可能你在前三周很成功地执行了计划，但在最后一周仍然觉得需要费些力气才能坚持。不要担心，这很正常。想当初，即使坚持到了第30天，我仍然不喜欢清早5:30起床跑步，但我已经把这个习惯当成了常态。这就是你需要达到的目标——自然而然地去做某件事，无须任何提醒，也不会感到困扰。

第4章

如何安排协调

" 30 天计划"听起来振奋人心,但只有实际去做的时候,才会
看到真正的效果和潜在的问题。行动过程中的安排协调是最
棘手的,因为你可能遇到各种各样的现实问题。在我看来,想要
避免操作过程中的困难,成功改变习惯,你在制订计划时需要特
别注意以下三点:

· 简洁性
· 灵活性
· 突发事件

简洁性

制订计划首先要遵循"极简"原则，能多简单就多简单。养成每个习惯所需要遵守的规则有一两条即可，千万不要列出20条那么多。如果你想开始健身，那么承诺每天健身半个小时足矣。当然，你可以适当运用后面提到的进阶性技巧使计划达到更好的效果，但你的计划和承诺一定要保持简洁。

我喜欢将"30天计划"分为两部分：承诺和建议。"承诺"部分是核心，明确写出我必须每天坚持的习惯，一旦没有坚持则需从头开始。"建议"是我认为可能有助于坚持习惯的相关事项，但并非必须做到。将两部分区分开来有助于你更好地应对执行过程中的困难。

灵活性

过于僵化的习惯通常无法坚持。你需要让习惯尽可能与你的生活方式契合。虽然我几乎每餐食素，但我的饮食习惯也具有适度的灵活性。毕竟，吃一点鸡蛋蘸酱也不至于得心脏病。

因此，你需要仔细斟酌自己计划中所需要遵守的规定，让它们具有最适度的灵活性。过于灵活，习惯则没有坚持的意义；太过僵化，习惯又无法适应日常生活。你需要在这之间找到一个平衡点。

突发事件

突发事件是"30 天计划"执行过程中最常见，也最令人头疼的问题。它们的出现会突然打乱日常计划，使计划暂时停滞。常见的突发事件有：

- 假期
- 生病
- 新项目 / 工作
- 重大家庭事件

应对突发事件，最好的办法就是事先筹划，将可预测到的事件（假期、工作等）纳入"30 天计划"范围内考虑。这样做可以使你在事件发生时实现平稳过渡，避免和计划冲突。对于无法预测的事件，则需要尽可能随机应变，安排妥当。不然，也只能停止计划，等事件过后再重新开始。

我曾经遇到过一个十分棘手的突发事件。当时，我正在坚持晨跑的计划。有一天晚上，我去参加一个大型派对，虽然我在几周前就知道这件事，但没料到派对会持续整晚，导致我早上 6 点才到家，这对我坚持晨跑计划无疑是个巨大的挑战。

　　但当时是晨跑计划的最后一周，我告诉自己绝不能在此时掉链子。所以在几乎 30 个小时没合过眼的情况下，我进行了 5 公里晨跑。然而事后反思，这个突发事件是我本该预测到和事先计划好的，我可以在计划中为这一天制定特殊的应对办法，或者早几天开始我的晨跑计划，躲过这个时间，避免这个冲突。

　　话说回来，并非所有突发事件都可以顺利克服和应对。第一次执行健身计划的时候，我得了很严重的流感，所以无论感到多可惜，我也不得不放弃计划，在康复之后重新开始。你在"颠簸期"面临的困难大多会以这种"突发事件"的形式出现。你只能全力以赴应对，如果继续坚持实在太困难，也只能推翻重来。

　　　一次"30 天计划"最好只坚持一个习惯。超过一个习惯，你很可能哪个都坚持不到最后。

第5章

"30 天计划"小结

- 每个"30 天计划"只坚持一个习惯。

- 把承诺写下来,使你的"30 天计划"清晰明了,便于记忆,为你提供动力。

- 承诺要简洁(如每天健身一小时),但具体规划要周详,对潜在问题做好充分预测。

多数"30 天计划"大致经历五个阶段:全速起跑期、疲惫放缓期、过渡期、颠簸期和稳定期。在前几个阶段,你最需要的是调动自己的动力和自制力克服阻力;在后几个阶段,你更需要记住去执行计划,并且避免突发变故打乱自己的进程。

进阶技巧

第6章

进阶技巧概述

据我观察，1/2 ~ 3/4 的习惯通过熟练掌握和运用"30 天计划"就能改变，但总有 5% ~ 10% 的习惯还需要一些特殊技巧才能成功坚持下来。如果你还是执行"30 天计划"的新手，适当运用这些特殊技巧可以帮助你更顺利地完成计划。但你要明白，它们不是必需的。不要让这些技巧把你的计划变复杂，甚至导致整个计划失败。

运用这些技巧是为了使计划更易进行，是为了使你的习惯不论在养成过程中还是养成之后都更加稳固。

触发点

第一个进阶技巧叫作"触发点",即启动你某个行为习惯的信号,你需要找到这个信号,并且强化它,使你的习惯更容易坚持。不过在此之前,你需要先充分了解某个行为习惯从开始到结束的运行过程。

大多数人口中的"某个习惯",其实不是一个单独的习惯,而是许多微小习惯的组合体。这些微小的想法、行为联结在一起,组成人们一般所说的"习惯"。以吸烟为例,虽然人们通常觉得吸烟是"一个习惯",但它其实是由很多小习惯组成的。一个人吸烟的过程大致如下:

- 产生吸烟冲动
- 找烟,如果没找到,就去商店买 / 向朋友要
- 把烟抽出烟盒
- 点烟
- 吸烟

这是极度简化的过程,但它足以说明,一个习惯是由一系列复杂的行为组成的。

那么"触发点"在哪里？很容易看出，"触发点"就在一系列行为链条的开端。把握好链条最前面的部分，就可以控制住整个过程和结果。我们来想象一下：如果你想健身，然后花大部分力气完成好最开始的几个行为，到达健身房，那健身岂不是水到渠成的事了吗？

"触发点"源自一个古老的概念，这要从一位俄国科学家和他的狗讲起。当时，伊万·巴甫洛夫正在研究动物的消化过程，他发现每次在喂狗的时候，狗在他还没拿出食物之前就开始流口水。后来他发现，这是因为在喂狗之前，他都会摇铃（中性刺激物）。

不久，狗便将铃声和食物联系在一起——只要铃声响起，它们就会流口水。"触发点"恰恰是按照同样的原理，不断作用于某个行为链条的开端，与之不断建立联系，形成条件反射，进而将这种条件反射延伸至整个行为链条。当然，"铃声"和"流口水"只是一个例子，你需要找到适合自己的"触发点"和相应的条件反射，从而开始某个习惯。

创造"触发点"是为了形成一套高度固定的仪式，它以某个刺激为开端，形成条件反射，从而引导行为。这套仪式必须简短，并且高度有效地指向你想要养成的新习惯。

一个"触发点"由两部分组成：信号和仪式。

"触发点"同样适用于那些无法用"30 天计划"培养的习惯。

信号

"信号"是在某个习惯开始之前起刺激作用的事物，比如巴甫洛夫实验当中的铃声。有些习惯的"信号"只有一种，而有些则由很多不同的信号组成。这听起来有点复杂。不用担心，对于多数人来说，养成一个习惯只要有一个很简单的"信号"就足够了。

假设你想养成早起的习惯，你需要拿什么作为"信号"？答案太简单了：闹铃声。想要早起，最显而易见的办法就是设置闹铃将自己叫醒。闹铃声对早起族来说是最明显的行动"信号"。

那么其他习惯，比如健身，该用什么作为"信号"呢？幸运的话，你可以找到很多外界刺激作为健身的"信号"，比如一天的某个特定时间，工作之前/之后，或起床之后。但要是无法找到这样一个外界刺激作为固定的健身"信号"呢？那就只能靠内在驱动力了，也就是想去健身房的一股冲动。

不过，最理想的"信号"还是外在刺激（一天的某个时间、闹铃、某项工作之后、下班之后等），但当你无法找到任何固定的外在"信号"来帮助自己坚持习惯的时候，你就需要寻找内在"信号"了。虽然内在"信号"不如外在"信号"那么容易"触发"习惯，但它们还是可以发挥作用的。

仪式

　　"仪式"是"触发点"最重要的组成部分。所谓"仪式"，就是一套简洁的行为模式，它占用的时间不能超过 15 分钟，甚至通常几秒钟即可。你的"仪式"一定要和你的习惯联系非常紧密，因此和习惯一样，"仪式"要一以贯之，形式、步骤都要保持一致。

　　"仪式"这个表达听起来可能有些奇怪，但其实你每天都在践行着"仪式"，只是你并没意识到。回想我去健身房的整个过程，一开始在脑海中浮现的当然是自己在做各种各样的运动。但其实在真正健身开始之前的 5 分钟，我拿起运动包，在更衣室换运动服，到入口处签到——这一系列过程几乎每次都是完全相同的。这就是"仪式"，尽管我并没特意将它当作"仪式"来培养。由于"仪式"是可以自然而然养成的，因此培养"仪式"需要保证两点：练习和坚持。

练习

你可以在执行计划前，先练习执行"仪式"，或者在计划过程中留心观察自己对仪式的执行。所谓先练习执行"仪式"，就是先安排出一两个小时的时间，重复执行你将在计划前坚持的"仪式"，这会使你熟练掌握你的"仪式"，并在执行计划时感到习惯。

我曾在"早起"计划正式开始前进行过这样的练习。我花了 30 分钟的时间，单独练习闹铃响起后立即起床。我的"仪式"很简单——起立，来回走几步——整个过程只有几秒钟。多次的练习加深了我对这个"触发点"的印象，使我的整个计划进行得更加顺利。

坚持

坚持是最重要的。如果你没有坚持每次在计划之前都履行"仪式",那它也就失去了存在的意义。只有每次坚持执行,才能感受到它为你带来的益处。如果你每天都要去健身,而每周只有一两天执行健身之前的"仪式",那么这样的"仪式"无法发挥效用。

"触发点"适用于我的情况吗

如果你刚刚开启改变习惯的旅程，那么我的答案可能是"不适用"。"触发点"很有用，但对于新手来说，它会使你的计划变得复杂。在一开始，还是要专注于你的核心计划，使它保持简洁。当你感觉执行核心计划遇到了阻碍，需要其他技巧助以一臂之力时，再去考虑使用"触发点"。

有些习惯比其他习惯更适合运用"触发点"来培养。这些习惯一般有以下两个特点：

- 单一——组成习惯的行为模式是单一的。"节食"这个习惯就不太适合运用"触发点"去培养，因为你不可能只在一种情境下吃东西。
- 正向——你的习惯是"去做"某事，而非"戒除"某事。戒烟就是一种负向习惯（这里的"负"是"减免"的意思，不是"消极"的意思），因为你是在"做减法"。

健身这个习惯非常适合运用"触发点"去培养，而戒烟就不太适合运用这个技巧，因为"触发点"的核心是强化行为链条的开端，在戒烟这个习惯当中，需要强化的地方并不明显。想了解关于戒除负向习惯的进阶性措施，请见"替换理论"。

"触发点"为我养成早起的习惯提供了巨大帮助。它的"信号"很明显——闹钟铃声；设定"仪式"意味着将自己放置在黑暗的屋子里，设置闹铃，让它提前一分钟响起。而我练习的就是在闹钟响起时立即醒来，起身下床。

这样的模拟演练并不能使"仪式"完全成为习惯，我仍需要在真实情境之下不断履行"仪式"，使其成为自动自发的行为。不过，模拟演练的确为这一切开了个好头。

需要记住的是，在计划开始的最初几天，使用"触发点"会增加执行难度（因为在某种层面上你增加了一些需要坚持的习惯），但从长远看，它会更加有效地强化你的习惯。"触发点"更适合那些在最初几天干劲十足、发挥出色，却很难长期坚持一个习惯的人。

第8章

替换理论

第二个进阶方法是"替换理论"。替换理论的核心思想是,一个人不可能摆脱坏习惯,因为习惯不可能被消灭,只能被其他习惯替代。为了保持内在需求和外在资源的双平衡,在戒除陋习的同时,你需要做的是用一个好一点的习惯代替它。如果你想戒烟,依照替换理论,你需要找到另一个习惯作为吸烟这个习惯的替代物。

替换理论并非放之四海而皆准,前面所提到的正向习惯,即"去做某事"而非"戒除某事",就不适合运用替换理论,因为正向习惯通常都是自然而然养成的。例如,你想开始健身,那就一步步养成健身的习惯,无须创造一个复杂的"替换过程"。

如何使用替换理论呢?核心方法就是,为每一个你想要戒除的习惯找到一个相应的替换习惯。如果你决心戒掉垃圾食品,要如何替换这个习惯?你可以把薯条扔掉,代之以胡萝卜或芹菜。你还可以把阅读当作替换习惯,一想吃零食了,就去读书。

替换理论的作用体现在以下三个方面。

（1）降低改变的难度。创造某个特定的替换习惯，可以让戒除陋习的最初 30 天变得没那么难熬。

（2）强化某个替代习惯。遵从替代理论可以在戒除陋习的同时强化和坚持另一个替代的习惯，而不是很多松散、易变的习惯，反过来也可以使陋习戒除得比较彻底。

（3）平衡内在需求。从生活中根除某个习惯有时会打破内在需求的平衡。运用替代理论可以降低这种风险。

降低改变的难度

在戒除一项陋习的时候，你的大脑通常会问一个问题："那现在要做什么？"不吃垃圾食品了，不看电视了，不做某项无益的事情了，你却不知道该做什么了。这时，想出一个策略专门去替代那件不能做的事，可以使你的过渡期变得容易许多。

戒除陋习的过程其实都是一个替换的过程。当你放弃看电视，那么曾经看电视的时间就需要重新安排，用来做其他的事情。一般来说，重新安排、适应需要花上好几天的时间，这会给你的过渡期添加不小的压力。但如果运用替换理论，你就能更轻松地度过充满压力的最初十天，即"全速起跑期"和"疲惫放缓期"。

强化某个替代习惯

　　替换理论的第二个好处是使陋习根除得更彻底,不易反复。一般来说,想戒掉电视瘾,你通常会代之以一系列有益的习惯,比如阅读、工作、玩游戏、社交或者搞艺术。

　　虽然这些选择都不错,但由于种类繁多,你无法专注于其中任何一项,使之成为一个稳固的"替换习惯"。选择一个稳固的"替换习惯",比如阅读,意味着当你想重拾旧习的时候,你会倾向于选择新的替换行为,而不是那个你想改掉的旧习。也就是说,当计划遇到阻碍,电视节目的诱惑力变得很大的时候,你会选择去读书,而不是违背承诺去看电视。

　　改变后的习惯应当使生活更美好,而不是更艰难。如果 30 天之后,某个习惯仍让你感到无法适应,那么你需要考虑重新规划生活。

平衡内在需求

平衡需求是替换理论最重要的作用。即使一个习惯再不好、再负面，它也有好的一面。吃不健康食品的坏处很多，但这些食物确实很美味，它们能让你填饱肚子，打发时间。

而替换理论就是教你培养一个替换习惯，代替之前的习惯，满足同等的需求。如果吃垃圾食品可以满足你的口腹之欲，让你填饱肚子，填补空虚，那么替换习惯也应该给你同等的满足感。你可以开始自己烹饪健康又美味的食物，或者做一些除了吃以外的有趣的事来消遣时光。

替换理论的实际操作

我曾多次运用替换理论戒除坏习惯，包括爱看电视的习惯。我尝试过很多不同的方式戒掉电视：减少看电视的时间，只看录像带，不独自看电视，完全不看电视。每个方式都各有利弊，不过它们都要求我从生活中移除一样东西——电视。而替换理论则帮助我将看电视所花费的时间和它带给我的需求的满足保存下来。首先，我仔细思考看电视满足了自己的哪些需求：

- 娱乐的需求
- 休息的需求
- 社交的需求

然后，我寻找不同的策略代替看电视来满足这些需求。我喜欢画画，所以我用画画替代看电视满足自己对娱乐的需求；冥想和散步可以更好地满足我对休息的需求；至于社交需求，我加入了国际演讲会，真正地与人沟通、交流。

这些替代性活动除了平衡需求，也用于填补不看电视所空出来的时间。然而，我并不想只为了换种方式满足需求，而在空出来的时间里做一些几乎毫无价值或者毫无乐趣的事情，这是在浪费生命。

经过数次的试验和反思，我发现适当地看一点电视对我才是最好的。我一般不一个人看电视，而且只看自己觉得有价值的节目。尝试不同的看电视的方式让我重新审视电视为我提供的价值。如果有必要，你可以改变任何习惯，但如果无法找到切实可行的替代习惯来满足同等的需求，那你可能要重新考量一下自己的方法了。

除了戒掉电视，我还用替换理论养成食素的习惯、减少对网络的依赖等。替换理论可以有效地帮助你思考如何将新变化融入生活，更重要的是，你可以运用这个工具，发现一些无法被新习惯替代的需求，从而看到某个旧习的价值所在。

第9章

一致性

另一个技巧是保持习惯的一致性。这和"触发点"的道理类似，但目的是使你的习惯更加整齐划一。比如，比起在不同的地方健身，做不同类型的运动，更好的选择是每天在同一时间，同一个健身房，坚持进行同一项运动。

一致程度越高，习惯就越容易坚持。虽然这样做会使习惯失去多样性和灵活性，不过在最初阶段，提高一致性可以有效地使习惯成形。你可以考虑在以下这些方面保持习惯一致：

- 行动时间
- 以日为单位，不以周为单位
- 活动方式

行动时间

　　每天在同一时间实行计划，比如在同一时间起床、健身或吃饭，可以提高习惯的一致度。将一天的某一个特定时间作为参照物，或者更理想的，将某一个特定事件作为参照物（工作结束之时而不是下午 5 点），可以使你的习惯更加紧密地融入你的日常生活。

以日为单位，不以周为单位

我的每个"30天计划"都是以"日"为单位进行的。每日进行一次可以使某个习惯更加连贯，这要比每周进行三次容易坚持。虽然这是一个进阶性技巧，但我建议你在实行第一个"30天计划"时就去应用它。我曾经很多次尝试培养健身的习惯，结果都失败了，直到我发现每天健身可以使一切变得容易得多。

活动方式

你还可以在具体的活动内容上保持一致。吃同样的食物，去同样的地方健身，运用同样的方法完成工作，都可以帮助你提高习惯的一致性。

不过，也不要太执着于"保持一致"这件事。在最初几周，保持习惯的一致性是一个很有益的目标。但几周之后，灵活性对你来说更加重要。当你将一个习惯严格坚持了一段时间，逐渐感觉无法使每个行为细节都保持一致时，就可以开始灵活地做出一些调整和改变，使你的习惯发挥更大的作用。毕竟，谁都不喜欢一周 7 天每天都吃一样的东西，做同一种运动。

第10章

借助外力

如果你觉得自己连最初的几步都无法完成，那该怎么办？这种情况一般出现在想要进行重大改变的时候。这时，你自身的动力和自制力不足以解决问题。对于此类情况，你有两种选择：将习惯拆解，或者借助外力。

（1）将习惯拆解，即将一个困难的目标分解成几个不同的阶段来完成。例如，你平时的起床时间在上午 8 点到 12 点之间，你想把它提前到早上 5 点半。对于这个改变，"一次到位"可能太困难了。因此，你可以先规定自己每天 7 点起床，坚持 30 天。当 7 点起床成为习惯以后，再将时间提前到 6 点一刻，最终逐步提前到 5 点半。

（2）借助外力，面对一个困难的目标，除了将它分解成几部分一步步完成，你其实也可以通过借助外力的方法一口气完成。以下是借助外力的几种方式：

- 公开承诺
- 设立赌注
- 奖 / 惩机制

　　如果你想了解借助外力的其他方式，请参考这个有趣的网站：SucceedOrElse.com。

公开承诺

公开做出承诺，就是告诉你的朋友、家人甚至是全世界你想做的事情，也就是你计划要在接下来 30 天坚持的习惯。我发现，公开做出了承诺，成功的动力会比只将计划闷在自己心里时大得多。

设立赌注

这个方法也十分有效。所谓设立赌注，就是和你的一个朋友说好，要是没能成功坚持计划，就付给他 100 块钱。或者，你可以签一张支票，捐款给你并不支持的政治团体，如果计划失败，你的朋友就会把支票寄出去。

钱是最容易想到和付诸实践的赌注，但是除了钱，赌注还可以是你的时间、精力或其他资源。

奖惩机制

　　为自己的行为设置相应的奖励或惩罚措施，也是借助外力的一种方式。我个人更喜欢设置奖励，也就是在成功坚持习惯几天之后犒劳自己一下。比如，在坚持节食三天之后，你可以适当地奖赏自己，看一档喜欢的电视节目，和朋友看场电影，或者给自己的电脑买个小配件。

　　需要记住的是，一定要在正确履行计划之后再奖励自己。任何"预支的奖励"，例如在健身之前先看喜欢的电视节目，都是百害而无一利的。不论奖励还是惩罚，都要根据计划履行的结果而定。

　　借助外力只是为了在习惯的养成阶段增加自己做事的动力，我们得注意，不能让借助外力本身成为习惯。在坚持了 20 多天之后，习惯应该已经相当稳固了，一般情况下你也不再需要借助外力了。但如果你仍然需要借助大量的奖励或惩罚才能坚持一个习惯，那你可能需要重新修改自己的计划了。

第11章

操作性条件反射

巴甫洛夫通过"流口水的狗"的实验提出了经典条件反射理论。在他之后，B.F. 斯金纳通过一系列箱中老鼠实验，提出了操作性条件反射理论。经典条件反射只由简单的"刺激"和相应的"反应"组成，可用于培养习惯的"触发点"，并为习惯的养成奠定基础。

操作性条件反射的核心思想是，如果一习惯能为你带来奖励和享受，那么你更可能会坚持这个习惯；相反，如果一个习惯为你带来的是惩罚和痛苦，那么你不太可能长久坚持它。也就是说，如果你想培养一个习惯，而从头到尾你的内心对这个习惯都是抵触的，那么你不太可能长期坚持下去。能让你长期坚持的，只能是给你带来快乐的习惯，不可能是使你痛苦的习惯。

最常见的一个例子就是速效减肥。你也许能坚持某个速效减肥食谱好几周的时间。一般人会觉得，这几周足以让人克服养成阶段的困难，从而长期坚持下去了，对吧？但很遗憾，这不可能，因为这些食谱太过严苛，而且对身体健康有损害。它们会带给你无尽的痛苦，所以一旦你停止给自己施压，便根本不可能继续坚持。

乍一看，操作性条件反射可能有些复杂，但它的诉求其实很简单：你想培养的习惯带给你的快乐要多于痛苦。当然，在短期之内，痛苦是不可避免的。但如果一个习惯带给你的是长期的痛苦，那么它实在没有培养的必要。而评价某个习惯带来的是长期的快乐还是痛苦，是充满主观色彩的。像健身、省钱、多读书这样的习惯，尽管它们在客观上能给你带来无尽的好处，但这并不意味着每个人都认为这些习惯值得培养。

运用操作性条件反射是为了保证你的习惯在短期之内所带来的正面效果大于负面效果。更重要的是，如果你想培养一个新习惯来替代原来的习惯，就必须尽可能保证，相比于其他解决方案，这个新习惯能给自己带来最大程度的愉悦感。这并不好把握，但一旦成功，带来的改变便是长久的。

以下是我发现的一些方法，可以帮助你平衡新旧习惯的切换过程所带来的愉悦感和痛苦感。

革新你的计划

改变你的行动内容，让习惯变得更有趣。新食谱太严苛，就加入些新菜色，让它变得更可口；健身内容太单调，就打打拳、跳跳舞或者徒步旅行。改变执行计划的方式，让它更有趣、更刺激。

做一件事可以有很多种有趣的方式，只是人们一般不会把趣味性放在第一位。但在这里，趣味性是最重要的，因为如果你不喜欢自己的新习惯，你就不可能坚持下去。

革新你的想法

　　第二个方法是改变你对某个习惯的看法。不要把陋习看作"不应该做的事",把它看作"绝对不做的事";不要只凭空猜测新习惯会带来什么好处,着手做些调查,让事实说话;只关注新习惯能带来的益处和旧习惯会带来的害处。

　　边实行"30 天计划"期间边做调查效果最佳,因为你需要在实践中体会,将方法与实践融合,这一过程是事前再多的调查研究都无法替代的。

建立正面关联

将你的新习惯与其他一些美好的体验联系起来。这和给自己设置奖励不太一样，奖励可以是随心所欲挑选的，而这里提到的美好体验要经过深思熟虑、精挑细选，目的是和你的习惯之间建立正面而深刻的关联，对你的成功起到促进作用。比如，将戒烟和陪孩子玩这件事联系起来，你就会时刻提醒自己，戒烟也是为孩子树立好的榜样，从而更容易坚持不抽烟。

触发点、替换理论、借助外力以及操作性条件反射，这些进阶性技巧旨在使你的"30天计划"进行得更加顺利，让你所希望做出的改变成为永久性的习惯。如果你想了解关于改变习惯方法的更多信息，请参见本书的参考文献。

第12章

改变思维习惯

如果你想改变的习惯不是行为，而是思维方式呢？如果你想做出的改变是增强自信心，摆脱抑郁，或者只是更乐观地看待世界呢？这些思维方式都是一个个习惯，但它们用一般的方法很难改变。

通过"30 天计划"去直接改变思考方式是很困难的，因为控制思想比控制行为要难得多。逼自己去健身，只需要一点意志力就能办到；但是在情绪低迷的时候逼自己积极思考，这几乎是不可能的事。

如果现在我要求你不许想北极熊，你估计做不到——当你决定不去想某样东西的时候，脑子里浮现的恰恰是这样东西。这个矛盾便是大多数人没能成功改变思考方式的原因。通过思维直接改变思维通常是以失败告终，因为当你意识到这种失败的时候，说明为时已晚。你根本无法在这种失败发生之前有所预见，当然也就无法事先采取措施避免。

因此，我更倾向于通过间接方式改变顽固的思维习惯。常见的方法有三种。虽然这三种方法实行起来并不容易，也不会立竿见影，但它们可以间接地帮助你解决靠"30 天计划"和意志力无法解决的难题。

方法一：提醒强化

虽然人不可能一天 24 小时都能保持乐观自信，但你可以每天找出几段时间，强迫自己乐观一些。"提醒强化"的核心就是在一天的某些时候朗诵或背诵一些句子，调动起积极的情绪，使之成为习惯。

但你也必须清楚，这种强化手段只起到提醒的作用，并不能彻底改变你的思维习惯。

方法二：创造有利的环境

不要靠"30 天计划"强行改变你的负面思想，改变滋生这些负面思想的环境才是更有效的方法。也就是说，在你所处的环境中，尽可能消灭那些阻碍你培养新思想的因素，同时关注那些可以强化新思想的因素。以下是关于如何创造有利环境的几个方法。

（1）加入新的组织，这个组织有你想要培养的态度或思想。

（2）远离负面情绪过多的人。

（3）听／读励志性的文字。

（4）在可见之处贴出你的目标／宣言，时刻提醒。

（5）结交可以鼓舞自己的导师和朋友。

让自己接触全新的想法和思考方式，从而改变自己的思维习惯。

方法三：行动

第三个也是最有效的一个方法就是行动，做出那些可以改变你思维方式的行为。提醒强化、创造有利的环境可以作为良好的开始，但真正实现改变只有靠行动。也就是说，想提高自尊，就去做那些提升自身价值感的事情；想更自信，就去提高自己的竞争力；想更快乐，就去做让自己感到开心的事。

据我所知，要想永久性地改变思维习惯，最有效的方法就是将行为上的改变与强化手段和环境相结合。

先行动，再思考

　　我是"行为改变思想"这一理论的坚定拥护者。改变思维习惯是很困难的一件事，直接通过改变思想提升自信、自尊、幸福感，往往事与愿违。因此，我更喜欢直接改变行为。通常来说，改变了行为，思想便会随之改变。

　　因此，如果你想要改变心理状态，学会设立目标，改变行为习惯，并且使这些习惯长期持续，行动所能带给你的自信和自豪感是任何其他方法都无法企及的。

掌控习惯

　　现在你已经成功地改变了习惯，那么你可以用这些新习惯做什么呢？毕竟，改变旧习不只是为了在经历痛苦挣扎后养成大量新的习惯而已。其实，你可以从新习惯中获取新的体验——尝试用不同以往的方式思考、行动，看看它们如何融入你现有的生活。以我为例，我会运用新习惯：

- 实现目标 / 取得成就
- 节省时间
- 使生活更有趣 / 更刺激
- 做新的尝试
- 挑战自我

第13章

How to Change
a Habit

通过习惯实现目标

前面两章提到的方法适用于改变某个单一、具体的习惯，如养成新的饮食习惯、控制预算或戒烟。但是，如果你想利用一个个单一的习惯，实现一个更大的目标，你该怎么做？

一般来说，在朝一个目标努力之前，我都会先问自己达成这个目标需要养成哪些习惯。如果你想获得一定数额的收入，想跑马拉松，或者想拥有更好的人际关系，你需要将这些大目标转化成一个个小习惯，通过它们一步一步地实现大目标。

有时，实现一个目标需要哪些习惯是显而易见的。如果你平时缺乏锻炼，而又想要减肥，那么该做什么一目了然（开始锻炼）。但有时，你并不能清晰地知道达成某一目标需要养成什么习惯，这时就要先去找出这些习惯。寻找的过程很简单。我的方法分为四步：

- 写出你的目标
- 确定核心行动
- 定义一个习惯
- 实行"30 天计划"

写出你的目标

　　将大目标细化成小习惯的第一步，就是弄明白你的大目标是什么。以我最近为例。我一直很瘦，尽管我经常锻炼，而且食素，很健康，但我想在几个月内增长大约 10 磅的肌肉。

　　我的第一步就是定义目标：在三个月内增长 10 磅肌肉。我把所有的目标同样写在用来实行"30 天计划"的本子里。所以达成一个目标和改变一个习惯差不多，都需要先将它明确地写出来。

确定核心行动

一个目标好比一个目的地。下一步就是明确想要到达这个目的地，你的核心行动是什么，即你到达目的地所需要做出的最重要的行为。以我为例，明确目标后，我花了几天时间评估自己现有的饮食习惯，计算蛋白质、碳水化合物和卡路里的摄入量。

我将得到的数值与多种资料对比后发现，想要达到自己的目标，我可以尝试多摄取一些蛋白质、碳水化合物和热量。所以我的核心行动就是多吃、吃得更健康而已。如果你想变富有，那么你的核心行动可以是削减开支、增加收入或增加投资。

定义一个习惯

下一步是"根据大致方向画一幅精确的地图"——将你的核心行动具象化为一个具体的改变，服务于你的目标。记住，这个改变不能太复杂或太概括，否则很容易失败。要简单，只专注于一个具体的行为。

这对我来说很难——我平时很忙，所以饮食没有固定的规律。而且我不想让自己停止享用一切美食，最后却效果一般。定义习惯通常是最困难的一步，因为你需要权衡其灵活性、效果性及简单性。

如果确定的这个习惯不够灵活，那么你一遇到问题就会失败。对我来说，事先规定好每顿吃什么、什么时候吃，就太过死板，无法适应我的生活方式。习惯如果失去效果，也就毫无意义。比如我可以只在现有的食谱中减去一个垃圾食品，或者增加一种食物，但这样不但过程缓慢，而且长时间看来可能收效甚微。习惯如果不够简洁，就难以坚持。复杂的蛋白质、卡路里计算系统也许适用于顶级运动员，而我并不需要费那个脑子。

经过仔细权衡，我将自己的新习惯定义为：每天少食多餐，吃五顿饭。这样，我能在一天内均衡地摄取营养，减少吃非健康零食的次数，同时保证吃饱。此外，为达到目标，我规定自己每餐必须摄取 20 克蛋白质、40 克碳水化合物（多数食物都可以达到这一要求）。

实行"30 天计划"

确定好了这个新习惯，接下来的 30 天，我便尝试按照新的时间表和规定进食。我已尝试过很多不同的"30 天计划"，因此能预见其间的各种问题，包括潜在的安排协调问题。实行"30 天计划"，是培养一个习惯、驶向最终目标的第一步。

不论你的目标是关乎经济、健康、心智、社交还是工作，你都可以用以上四步实现它。当然，某些目标的实现并不太依赖于行为习惯的改变，所以通过改变习惯达成目标并非是一劳永逸的，但据我发现，改变习惯可以有效地帮助我达成很多不同的目标。

第14章

How to Change
a Habit

自我检测

熟悉这些改变习惯的方法后，你需要通过一些问题进行反思，以便不断进步。这些问题同样适用于改变习惯的"初学者"和"资深玩家"。值得注意的是，你需要花时间认真地回顾和思考这些问题，不要凭直觉急于作答。

问：这个改变对我来说是否真正必要

虽然在现实生活中，我已经成功地戒掉了很多坏习惯，也养成了很多好习惯，但我不会把自己的意志强加在你的身上。这些方法只是工具，你想为生活带来哪些改变，完全取决于你自己，别人无权为你制定一个完美的标准。如果你觉得无节制地饮酒、抽烟或者一觉睡到中午对你来说是完美的生活，我对此毫无意见。

掌控习惯的能力就是为自己的生活观察思考和做决定的能力。我有很多次成功养成了某些习惯，之后又放弃了它们。曾经好几个月的时间，我一眼电视都不看，但之后又将这个习惯调整为"适当地看一些电视"。有些人可能觉得看电视百害而无一利，另一些人可能认为完全不看电视所付出的代价太大了。我比这些人强的一点是，我不纠结，不空想，而是去亲身体验这两种方式。

我曾经坚信某些习惯就是好的，而某些就是不好的。如今，在大量实践之后，我发现每个习惯都有正反两面，好和坏都是相对而言的，取决于你自身的目标、野心和道德准则。本书所教给你的是一种选择的能力。在我看来，为自己做选择的能力才是最难能可贵的。

问：这个习惯我要坚持多久

对于某个习惯，是只坚持一段时间，还是该长期坚持，让它成为生活的一部分？在真正实施改变之前，这个问题很难回答。我的做法是将每一个"30天计划"看成一项试验，只考虑这30天，不考虑那么远，等到计划完成后再决定是继续下去还是到此为止。

然而，对于某些习惯来说，这种做法会消磨意志力，不利于"30天计划"的顺利执行。比如你想戒除某个陋习，如果事前只将它看作一项为期30天的试验，那么你根本不会有克服诱惑、成功改变的信念。

> 有反思才有进步。一味行动而不反思，容易迷失方向。因此，你需要不断记录和反思自己的计划和行动。

对于那些很可能长期坚持的习惯，我建议你除了完成"30天计划"之外，再进行"90天回顾"，即在习惯坚持了90天后，回顾自己一路走来所取得的进展，然后决定是否想继续。通常来讲，90天足以让你摆脱旧习惯的束缚，做出合理的决定。我在决定是否坚持食素等习惯的时候都使用了"90天回顾这个方法。90天的不断重复使习惯几乎成为自然，继续坚持下去很容易，根本不需要再花费什么精力。

　　对于那些"试验性"的习惯，即自己不确定是否想长期坚持的习惯，我建议你不要急于做决定，先完成"30 天计划"再说。除非这个习惯给你带来非常大的困扰，否则在 30 天之后再做决定通常是最好的办法。30 天的坚持不仅可以磨炼你的意志力，还为你提供了足够的"事实依据"，以便你更加全面地分析和决定是否要坚持某个习惯。

问：如何进行"尝试性"的改变

　　尝试不同的生活方式是改变习惯最重要的意义之一。经过一两年的努力，我已经在生活中实现了自己一开始期望的所有的重大改变。于是我问自己，接下来要做些什么呢？答案就是，去尝试自己从前没有想过的改变，学习新的技能。

收集有效信息

　　试验期间，你需要花时间测量和收集有效数据。这些数据为你提供直观的信息，以保证你时刻了解自己的试验效果。例如，想开始进行节食计划，就要测算自己每天的体重、体能或者能量值。如果想使试验更加周密完善，你可以进行"对比研究"——在正式的"30天计划"之前先进行一周左右的数据收集，然后与试验开始后的数据进行对比。这个方法对于那些进展明显的习惯尤为适用。

坚持写日志

　　试验期间，把每天的想法、经历记录下来，可以让自己清晰具体地看到试验的进展。有时仅靠记忆，我们无法完全想起一个月前事情发生的具体细节，而日志便为我们提供一个直观剪影，让我们能够更加准确地回想起试验期间的经历和感受。日记还为我们解决问题提供参考和便利，使我们得以更忠实于自己的目标。因此，我建议你不仅在试验期间写日志，也可以把这个方法运用到日常生活中。

尽量减少主观偏见

虽然完全消除主观偏见是不可能的，但在预估试验结果时，我们应当尽量保持中立。每次进行试验的时候，我都对结果持开放式的态度——它可能成功，也可能完全失败。然后，我会搜寻现实证据，以佐证这两种可能性。虽然主观性多多少少会影响到试验的科学性，但个人偏见是可以尽量减少的，否则主观性也不会成为司法审判的考虑因素之一。

第15章

新手上路须知

改变习惯，该从何处着手呢？这完全是因人而异的。你可以运用书中的方法，对自己的生活习惯进行微调，或者克服障碍，向目标前进，甚至可以只是单纯地培养掌控习惯的能力。也许你之前已经有过改变习惯的成功经历，只是想从本书中汲取一些改善的方法，抑或曾经的失败经历让你翻开我的书，从中寻求失败的原因和改正的方法。

如果是第二种情况，下文便是我对使用本书的新手的几点建议。

量力而行，一次只改变一个习惯

一次只改变一个习惯；改变这个习惯对你来说要有意义，也必须在你的能力范围内。一开始就异想天开地要颠覆从前的饮食习惯，或者戒除所有的恶习，甚至改变性格，你是不可能成功的。像我之前所说，改变哪些习惯完全取决于你自己，不过我想在这里举一些例子供新手们参考。

- 每天阅读 15 分钟
- 少吃一种垃圾食品（如薯条或可乐）
- 早起 30 分钟，或设定一个可以长期坚持的起床时间
- 每天锻炼 30 分钟
- 每天花 15 分钟打电话、发邮件或联系老朋友

对于一个月只锻炼一两次的人来说，每天锻炼两个小时就是过于沉重的负担。从小处着手，一次只改变一个习惯，可以让你的改变之路走得舒服、顺利，同时也让你有更充足的时间试行和感受各种进阶性措施。

集中精力在"30天计划"上

一位专业篮球教练曾对我说,在训练场上,他会让每一个新来的篮球运动员做一个单手上篮给他看。在之后的训练中,他也会要求学员不断地练习单手上篮,因为这是他们最惯常的得分方式。任何事都要从最基础开始,技巧永远没有基础重要。

开始写本书以来,不断有人问我如何运用进阶性技巧改变习惯。事实上,掌握最基础的方法,即熟练执行"30天计划",才是唯一需要关注的事情。我甚至可以把这本书缩短到三页纸,只教你如何坚持一个习惯30天,而这对最终结果至少起到50%的决定作用。

有评估显示,一个人经过六个月的练习,使用一门外语的正确率可以达到95%;如果他想再将正确率提高到98%,则需要20年的时间。夯实基础,先力争达到95%,再去想剩下的3%。

想了解更多相关话题,欢迎阅读我的另一部作品《生产力守则》。

策略比自律重要

缺乏自律几乎从来都不是养成一个习惯的主要制约因素。虽然有时，人确实需要调动自律性推自己一把，跨越障碍，但你始终都该将主要精力放在设计行动方案上，思考如何用较少的意志力就能坚持习惯。这也是本书的主旨。制定正确合理的策略，实行"30 天计划"，再配合以相应的进阶技巧，你将不再需要费尽心力提高自律性。按本书提出的方法进行练习，你会发现自己现有的自律性对于达成目标已经完全够用。方法比努力更重要。

参 考 文 献

1.《掌控习惯》——我曾写的关于改变习惯的系列网文，很受
    欢迎。

2. 史蒂夫·帕弗利纳（Steve Pavlina）——著名的个人发展博客
    网站，最早提出将 30 天作为养成一个习惯的标准。

3. 托尼·罗宾斯——个人发展励志演讲家，世界领袖的潜能开
    发专家，主持大量关于改变行为习惯的项目实验。

4. 禅宗生活（Zen Habits）——由莱奥·巴波塔创办的个人发展
    博客网站，内容涉及如何运用习惯达成生活目标。

致　谢

感谢在本书创作过程中，所有参与草稿预审工作、帮助完善内容质量的同人，以及亲身体验书中方法并写信反馈的各位朋友：迈克尔·范德唐克、布兰顿·斯科特、杰奎琳·迪克、德文·托马斯、李娟、阿尔文·唐、帕特丽夏·赫达克。

个人信息

MON TUE WED THU FRI SAT SUN

01
第一天

30天计划书

我承诺坚持此习惯：
- ✔
- ✔
- ✔
- ✔
- ✔

——年—月—日至—年—月—日　　　　　　签名_____

建议（技巧）
- ✔
- ✔
- ✔
- ✔

备忘
- ✔
- ✔
- ✔
- ✔

MON TUE WED THU FRI SAT SUN

30天计划书

02
第二天

我承诺坚持此习惯：
- ✓
- ✓
- ✓
- ✓
- ✓

——年——月——日至——年——月——日　　　　　签名____

建议（技巧）
- ✓
- ✓
- ✓
- ✓

备忘
- ✓
- ✓
- ✓
- ✓

03
第三天

30天计划书

我承诺坚持此习惯：
- ✔
- ✔
- ✔
- ✔
- ✔

——年——月——日至——年——月——日　　　　　签名_____

建议（技巧）
- ✔
- ✔
- ✔
- ✔

备忘
- ✔
- ✔
- ✔
- ✔

MON TUE WED THU FRI SAT SUN

30天计划书

04
第四天

我承诺坚持此习惯：
- ✔
- ✔
- ✔
- ✔
- ✔

___年___月___日至___年___月___日　　　　　签名_____

建议（技巧）
- ✔
- ✔
- ✔
- ✔

备忘
- ✔
- ✔
- ✔
- ✔

05
第五天

30天计划书

我承诺坚持此习惯：
- ✔
- ✔
- ✔
- ✔
- ✔

——年——月——日至——年——月——日   签名____

建议（技巧）

- ✔
- ✔
- ✔
- ✔

备忘

- ✔
- ✔
- ✔
- ✔

MON TUE WED THU FRI SAT SUN

30天计划书

06
第六天

我承诺坚持此习惯：
- ✔
- ✔
- ✔
- ✔
- ✔

——年——月——日至——年——月——日　　　　签名____

建议（技巧）
- ✔
- ✔
- ✔
- ✔

备忘
- ✔
- ✔
- ✔
- ✔

MON TUE WED THU FRI SAT SUN

07
第七天

30天计划书

我承诺坚持此习惯：

- ✔
- ✔
- ✔
- ✔
- ✔

——年—月—日至—年—月—日　　　签名_____

建议（技巧）

- ✔
- ✔
- ✔
- ✔

备忘

- ✔
- ✔
- ✔
- ✔

MON TUE WED THU FRI SAT SUN

30天计划书

08
第八天

我承诺坚持此习惯：
- ✓
- ✓
- ✓
- ✓
- ✓

——年—月—日至—年—月—日　　　　签名____

建议（技巧）
- ✓
- ✓
- ✓
- ✓

备忘
- ✓
- ✓
- ✓
- ✓

09
第九天

30天计划书

我承诺坚持此习惯：

✔

✔

✔

✔

✔

——年——月——日至——年——月——日   签名_____

建议（技巧）

✔

✔

✔

✔

备忘

✔

✔

✔

✔

MON TUE WED THU FRI SAT SUN

30天计划书

10
第十天

我承诺坚持此习惯：
- ✓
- ✓
- ✓
- ✓
- ✓

——年——月——日至——年——月——日   签名____

建议（技巧）
- ✓
- ✓
- ✓
- ✓

备忘
- ✓
- ✓
- ✓
- ✓

11
第十一天

30天计划书

我承诺坚持此习惯：
- ✔
- ✔
- ✔
- ✔
- ✔

——年——月——日至——年——月——日　　　　签名____

建议（技巧）

- ✔
- ✔
- ✔
- ✔

备忘

- ✔
- ✔
- ✔
- ✔

MON TUE WED THU FRI SAT SUN

30天计划书

12
第十二天

我承诺坚持此习惯：
- ✔
- ✔
- ✔
- ✔
- ✔

——年——月——日至——年——月——日   签名____

建议（技巧）
- ✔
- ✔
- ✔
- ✔

备忘
- ✔
- ✔
- ✔
- ✔

13
第十三天

30天计划书

我承诺坚持此习惯：

✔

✔

✔

✔

✔

——年—月—日至—年—月—日 　　　　　签名____

建议（技巧）

✔

✔

✔

✔

备忘

✔

✔

✔

✔

MON TUE WED THU FRI SAT SUN

30天计划书

14
第十四天

我承诺坚持此习惯：
- ✔
- ✔
- ✔
- ✔
- ✔

——年—月—日至—年—月—日　　　　　　　签名＿＿＿＿

建议（技巧）
- ✔
- ✔
- ✔
- ✔

备忘
- ✔
- ✔
- ✔
- ✔

15
第十五天

30天计划书

我承诺坚持此习惯：
- ✔
- ✔
- ✔
- ✔
- ✔

——年——月——日至——年——月——日　　　　签名____

建议（技巧）
- ✔
- ✔
- ✔
- ✔

备忘
- ✔
- ✔
- ✔
- ✔

30天计划书

16
第十六天

我承诺坚持此习惯：
- ✔
- ✔
- ✔
- ✔
- ✔

——年—月—日至——年—月—日　　　　　签名____

建议（技巧）

- ✔
- ✔
- ✔
- ✔

备忘

- ✔
- ✔
- ✔
- ✔

MON TUE WED THU FRI SAT SUN

30天计划书

17
第十七天

我承诺坚持此习惯：
- ✔
- ✔
- ✔
- ✔
- ✔

——年—月—日至—年—月—日   签名＿＿＿＿

建议（技巧）
- ✔
- ✔
- ✔
- ✔

备忘
- ✔
- ✔
- ✔
- ✔

30天计划书

18
第十八天

我承诺坚持此习惯：
- ✔
- ✔
- ✔
- ✔
- ✔

——年—月—日至—年—月—日　　　　　　签名＿＿＿

建议（技巧）
- ✔
- ✔
- ✔
- ✔

备忘
- ✔
- ✔
- ✔
- ✔

MON TUE WED THU FRI SAT SUN

19
第十九天

30天计划书

我承诺坚持此习惯：
✔
✔
✔
✔
✔

—年—月—日至—年—月—日　　　签名____

建议（技巧）
✔
✔
✔
✔

备忘
✔
✔
✔
✔

MON TUE WED THU FRI SAT SUN

30天计划书

20
第二十天

我承诺坚持此习惯：

✓

✓

✓

✓

✓

——年——月——日至——年——月——日   签名____

建议（技巧）

✓

✓

✓

✓

备忘

✓

✓

✓

✓

MON TUE WED THU FRI SAT SUN

21
第二十一天

30天计划书

我承诺坚持此习惯：

✔

✔

✔

✔

✔

——年—月—日至—年—月—日   签名____

建议（技巧）

✔

✔

✔

✔

备忘

✔

✔

✔

✔

MON TUE WED THU FRI SAT SUN

30天计划书

22
第二十二天

我承诺坚持此习惯：
- ✔
- ✔
- ✔
- ✔
- ✔

——年—月—日至——年—月—日　　　　　签名_____

建议（技巧）
- ✔
- ✔
- ✔
- ✔

备忘
- ✔
- ✔
- ✔
- ✔

MON TUE WED THU FRI SAT SUN

30天计划书

23
第二十三天

我承诺坚持此习惯：
- ✔
- ✔
- ✔
- ✔
- ✔

——年——月——日至——年——月——日   签名____

建议（技巧）
- ✔
- ✔
- ✔
- ✔

备忘
- ✔
- ✔
- ✔
- ✔

MON TUE WED THU FRI SAT SUN

30天计划书

24
第二十四天

我承诺坚持此习惯：

✓

✓

✓

✓

✓

——年——月——日至——年——月——日   签名_____

建议（技巧）

✓

✓

✓

备忘

✓

✓

✓

✓

MON TUE WED THU FRI SAT SUN

25
第二十五天

30天计划书

我承诺坚持此习惯：
- ✔
- ✔
- ✔
- ✔
- ✔

——年——月——日至——年——月——日　　　签名＿＿＿＿

建议（技巧）
- ✔
- ✔
- ✔
- ✔

备忘
- ✔
- ✔
- ✔
- ✔

MON TUE WED THU FRI SAT SUN

30天计划书

26

第二十六天

我承诺坚持此习惯：
- ✔
- ✔
- ✔
- ✔
- ✔

——年——月——日至——年——月——日　　　　　签名_____

建议（技巧）
- ✔
- ✔
- ✔
- ✔

备忘
- ✔
- ✔
- ✔
- ✔

27
第二十七天

30天计划书

我承诺坚持此习惯：

- ✔
- ✔
- ✔
- ✔
- ✔

——年—月—日至—年—月—日   签名＿＿＿＿

建议（技巧）

- ✔
- ✔
- ✔
- ✔

备忘

- ✔
- ✔
- ✔
- ✔

MON TUE WED THU FRI SAT SUN

30天计划书

28
第二十八天

我承诺坚持此习惯：
- ✔
- ✔
- ✔
- ✔
- ✔

——年—月—日至—年—月—日   签名____

建议（技巧）
- ✔
- ✔
- ✔
- ✔

备忘
- ✔
- ✔
- ✔
- ✔

MON TUE WED THU FRI SAT SUN

29

第二十九天

30天计划书

我承诺坚持此习惯：

- ✓
- ✓
- ✓
- ✓
- ✓

___年___月___日至___年___月___日   签名_____

建议（技巧）

- ✓
- ✓
- ✓
- ✓

备忘

- ✓
- ✓
- ✓
- ✓

MON TUE WED THU FRI SAT SUN

30天计划书

30
第三十天

我承诺坚持此习惯：

- ✔
- ✔
- ✔
- ✔
- ✔

——年—月—日至—年—月—日   签名____

建议（技巧）

- ✔
- ✔
- ✔
- ✔

备忘

- ✔
- ✔
- ✔
- ✔